각오를 단련하는 법

결국 해내는 사람들의 42가지 다짐

각오를 단련하는 법

이수영 지음

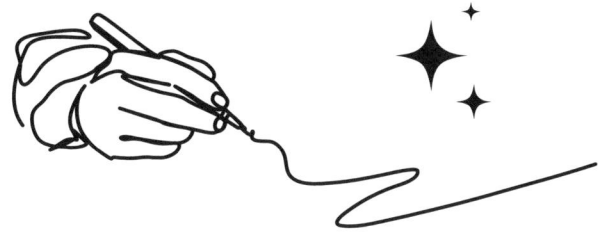

좋은날들

지금 있는 곳에서 시작하라.
먼 들판은 항상 더 푸르게 보이지만,
기회는 바로 당신이 있는 그 자리에 있다.

· 로버트 콜리어 ·

머리말

필요한 것은
희망이 아니라 각오입니다

    우리는 늘 무언가를 결심합니다.
    하지만 목표를 세우고 다짐해도 그뿐, 어느새 처음의 결심은 시들어 실행마저 흐지부지해집니다. 자기계발이 그렇고 부자에의 목표, 공부, 오랜 꿈을 접을 때도 그랬을 것입니다. 여러 이유가 있겠지만, 바라기만 해서는 아무것도 이루어지지 않습니다. 당신의 꿈이 아직 꿈이라면 충분히 각오하지 않았기 때문일지도 모릅니다.
    결심은 어떤 일을 하기로 마음을 정하는 것이고, 각오는 그 일을 이루기 위해 마음을 다잡는 것이지요. 이중 진짜 변화를 만드는 것은 각오입니다. 각오를 다짐하면서 우리 몸과 마음의 태도가 달라집니다. 목표를 이루기 위해 기꺼이 노력하고, 집중하며, 다른 하고 싶은 많은 유혹을 참아냅니다. 생각만 하면 흘려버리기 십상이지만, 각오에는 실천이 따르는 법입니다. 그래서 각오는 모든 일의 시작이자 성취의 동력이 됩니다. 저마다의 목표를 이뤘거나, 세상에 큰 발자취를 남긴 사람들의 면면을 봐도 그렇습니다. 그들의 처음 시작과 성취의 이면에는 남다른 각오가 있었습니다.

"죽기를 각오하면 살 것이요, 살고자 하면 죽을 것이다."라고 한 이순신 장군이 그렇고, 고교 1학년 자퇴 후 홀로 미국으로 건너와 '인생 50년 계획'을 다짐했다는 소프트뱅크 손정의 회장의 경우도 다르지 않습니다. 최고의 자기계발 코치로 일컬어지는 토니 로빈스 역시 "당신의 운명이 결정되는 것은 결심하는 그 순간이다."라고 했습니다.

열정이 앞에서 이끌고 각오가 뒤에서 우리를 버티게 해줍니다.

중요한 것은 각오입니다. 어떤 목표든 그것을 반드시 이루겠다는 의지부터가 단단해야 하는 것입니다. 그런 후에야 무엇을, 어떻게 해야 하는지가 선명해지고 어쩔 수 없이 부닥치게 되는 어려움들을 견뎌낼 수도 있습니다. 각오 자체는 사실 어렵지 않습니다. 목표를 세운 후에 자신만의 방식으로 마음을 다잡으면 됩니다. 문제는 그렇게 각오한 마음이 줄곧 유지될 것인가, 그래서 실행으로 꾸준히 이어질 것인지 여부입니다. 꼭 이뤄야 하는 목표가 있다면 각오가 흐트러지지 않아야 하는 이유입니다.

이 책은 어떻게 나의 결심을 이끌어내고, 각오를 다지며, 꾸준한 실행으로 이어갈 수 있는지를 위인, 명사들의 삶과 그 잠언의 필사로 일깨워줍니다. 저는 책을 만드는 사람입니다. 발타자르 그라시안부터 세네카, 새뮤얼 존슨,

다산 정약용, 데일 카네기 등 편집자와 번역가로 20년 넘게 일하며 마주한 삶의 가르침들을 이 한 권으로 정리했습니다.

　세상의 모든 책에는 내 삶의 문제를 해결해주는 힌트가 하나든 열이든 들어 있게 마련입니다. 한번 읽고 덮으면 그냥 날아가 버리고 마는 게 글이기도 하지만, 한순간의 깨침이 내 삶을 바꿀 수도 있습니다. 단 하나의 문장이 책 한 권보다 나을 때도 있는 거고요. 그 가르침들을 차분히 따라 쓰면서 마음에 새겨보기 바랍니다. 예컨대 미국의 초월주의 사상가이자 문필가, 랄프 왈도 에머슨은 바람에 그치지 말고 구체적인 목표 아래 실행에 옮기라며 이렇게 말합니다.

> 세상은 자신이 어디로 가는지 아는 사람에게만 길을 열어준다.
> The world makes way for the man who knows where he is going.

　각오는 삶의 목표를 향해 내딛는 내 의식의 선언입니다.
　흔들리는 마음을 다잡고 싶을 때,
　힘들고 불안한 앞날에 용기와 지혜가 필요할 때,
　이 책의 문장들이 마음의 버팀목이자 성취의 길잡이가 되었으면 좋겠습니다. 명사들의 삶과 생각, 조언을 대하며 지금 내게 필요한 생각, 태도와 목표 달성의 지침으로 삼는 것입니다.

　우리가 간절히 원하는 일치고 세상에는 어느 것 하나 쉬운 게 없습니다. 희망은 우리를 원하는 곳으로 순순히 데려다주지 않습니다. 처음 도전하는 분야라면 더더욱 힘들고 불안한 마음이 들 테지요. 게다가 뭔가를 크게 이루기에 당장 우리에게는 가진 게 너무 없을지도 모릅니다.

하지만 별로 가진 것이 없다는 게 삶의 무기가 되기도 합니다. 각오가 충분하다면 그렇습니다. 그러니 성공을 바란다면 성공할 각오부터, 뭐든 해내려면 뭐든 해낼 각오부터 해보기 바랍니다. 그 각오가 내게 부족한 많은 것들을 채우고, 원하는 목표 또한 앞당겨줄 것입니다.

이수영

차례

■ 머리말   필요한 것은 희망이 아니라 각오입니다

Part 1 명심하라. 너의 결심이 무엇보다 중요하다는 것을

01	너에게 익숙해지지 마라, 발타자르 그라시안	018
02	다른 사람이 되어야 한다, 세네카	022
03	할 수 있다는 믿음, 헨리 포드	026
04	원인과 결과의 법칙, 제임스 알렌	030
★	**성공하려면 성공할 각오부터 해야 한다**	034
05	오직 나만은 지켜라, 정약용	036
06	인생 계획은 노력 계획, 혼다 세이로쿠	040
07	바라기만 해서는 이루어지지 않는다	044
08	너 자신이 되어라, 오스카 와일드	048
09	삶은 생각으로 만들어진다, 마르쿠스 아우렐리우스	052
10	스스로를 돕는다는 것, 새뮤얼 스마일스	056

Part 2 각오가 우리를 버티게 해준다

11	기회를 기다리지 마라, 오리슨 S. 마든	064
12	믿으면 이루어진다, 클로드 브리스톨	068
13	오직 목표가 있을 뿐, 프란츠 카프카	072
14	운을 믿지 마라, 랄프 W. 에머슨	076
15	지금 무엇을 할 것인가, 어니스트 헤밍웨이	080
★	**필사의 각오, 쓰면 이루어진다**	084
16	나는 해야 한다, 독립운동가들	086
17	멘탈이 강해야 삶이 바뀐다	090
18	인생은 자신을 만드는 것, 조지 버나드 쇼	094
19	계속할 용기, 윈스턴 처칠	098
20	네 삶의 주인이 되어라, 에픽테토스	102
21	죽음을 사용하는 방향, 사마천	106
22	위대한 과업의 조건, 새뮤얼 존슨	110
23	길은 가까이에 있다, 맹자	114
24	죽고자 하면 살 것이다, 이순신	118

Part 3   미친 실행력을 갖는 법

25	의지만으로 충분하지 않다, 요한 볼프강 괴테	126
26	반드시 해내겠다는 마음, 엘버트 허버드	130
27	작은 성공부터 시작하라, 데일 카네기	134
28	성공의 첫 번째 원칙, 로버트 콜리어	138
★	**실행력은 자기 확신에서 나온다**	142
29	내일의 나로 거듭나려면, 프리드리히 니체	144
30	방법은 언제나 있다, 토머스 에디슨	148
31	성공과 실패로 갈리는 이유	152
32	시간은 망설이지 않는다, 벤저민 프랭클린	156
33	빨리 이루려고 하지 마라, 논어	160
34	언젠가 기회는 온다, 에이브러햄 링컨	164

Part 4 나는 내가 되어야 한다

35	꿈꾸고 탐험하라, 마크 트웨인	172
36	해는 다시 떠오른다, 빅토르 위고	176
37	나에게로 이르는 길, 헤르만 헤세	180
★	**각오를 실천하는 법**	184
38	최선을 다한다는 것, 중용	186
39	성공의 비결은 단순하다	190
40	나를 경계하는 글, 율곡 이이	194
41	세월은 기다리지 않는다, 명심보감	198
42	모든 지혜의 시작	202
★	**내가 가야 할 길, 나의 각오**	206

Part 1

명 심 하 라 .

너의 결심이 무엇보다

중요하다는 것을

뭔가를 꼭 이루고 싶은 바람,
그 꿈을 실현하려면 뭐가 필요할까요?
목표와 계획, 마인드셋, 실행 등이 뒤따라야 할 테지요.
그리고 열정과 결심이 이 모두를 이끌어야 합니다.

열정은 열렬한 마음입니다.
알람을 맞추지 않아도 열정이 나를 깨우듯이,
꿈을 향한 열정이 내 결심을 일깨웁니다.

◇ 01

너에게 익숙해지지 마라

— 발타자르 그라시안 —

그라시안은 철학과 신학 과정을 거쳐 예수회 신부가 되었지만, 그의 글에는 종교적인 색채가 거의 없고 직설적인 조언이 가득하다.

"속마음을 쉽게 드러내지 마라."

"당신의 빛을 가리는 사람과 함께할 이유는 없다."

이 같은 경구에 비치듯이, 그는 세상의 선의에 기대지 않고 냉소에 아랑곳하지 않으며 내 길을 가라고 권한다. 자신에게 너무 익숙해서도 안 된다.

삶에 대한 깊은 통찰과 가르침으로 그의 저작은 최고의 인생 지침서가 되었다. 쇼펜하우어는 "평생 읽어야 할 인생의 동반자"라며 《세상을 보는 지혜》를 독일어로 번역해 큰 반향을 얻기도 했다. 세계의 중심에서 몰락으로 치닫던 17세기 스페인 사회의 극심한 혼란 속에서, 그리고 400여 년이 지난 오늘날 우리 사회의 무한경쟁 속에서 그의 잠언은 어지러운 세상을 헤쳐 나가는 삶의 진짜 지혜를 알려준다.

신은 회초리가 아니라
시간으로 인간을 단련시킨다.

자신에게 너무 익숙해지지 말아야 한다.
지혜로운 사람은 외부의 어떤 기준이 아니라
스스로의 판단에 가장 엄격하다.

시작의 찬사보다 잘 마무리하는 게 중요하다.
사람은 시작한 일이 아니라 끝낸 일로 평가받는다.

You ought to think of the finish, and attach more importance to a graceful exit than to applause on entrance.

매사에는 양면이 있다.
가장 좋고 유리한 것도 칼날 쪽을 잡으면 고통이 되고,
반대로 불리하더라도 그 손잡이를 쥐면 방패가 된다.
그중에서 장점을 찾아내는 것이 지혜다.

· 《세상을 보는 지혜》 ·

02

다른 사람이 되어야 한다

— 루키우스 안나이우스 세네카 —

　동양의 공자에 비견되는 세네카의 철학은 삶과 죽음, 행복, 화anger, 돈과 명예 같은 현실적인 지혜를 일깨워준다. 다만 전제가 하나 있다. 네 삶이 더 나아지기를 바란다면 스스로 달라져야 한다는 것. 원하는 바를 향해 나아가지 않고 떠밀려 살아가는 삶에 대해 그는 이렇게 꾸짖는다.
　"출항과 함께 사나운 폭풍에 떠밀려 한자리에서 빙빙 돌았다고 해서 그 선원을 긴 항해를 마쳤다고 할 수는 없다. 그는 항해를 한 것이 아니라 오랜 시간을 수면 위에 떠있었을 뿐이다."
　세네카는 네로 황제의 스승이 되어 권세를 누렸으나, 네로가 모친을 죽이는 등 폭정을 일삼자 관직에서 물러나 학문과 집필에 몰두하였다. 그런 평온도 잠시, 황제 암살 모의에 가담하였다는 누명으로 자결을 명받자 스스로 정맥을 끊고 독미나리를 마시며 죽음에 이르렀다.

행운은 준비가 기회를 만났을 때 생기는 것이다.

불은 금을 시험하고
역경은 강한 인간을 시험한다.

인간은 항상 시간이 모자란다고 불평하면서
마치 시간이 무한정 있는 것처럼 행동한다.

· 인생의 짧음에 대하여 ·

나를 괴롭히는 것에서 벗어나려면
다른 곳으로 갈 것이 아니라,
다른 사람이 되어야 한다.

· 행복한 삶에 대하여 ·

If you really want to escape the things that harass you,
what you're needing is not to be in a different place
but to be a different person.

할 수 있다는 믿음
— 헨리 포드 —

　미시간주의 한 농장에서 중학교만 졸업한 채 헨리 포드는 16세에 집을 떠나 디트로이트에서 견습공 생활을 시작한다. 이후 증기기관 같은 동력장치 연구에 몰두하게 되고 발명가 에디슨 회사의 기술 책임자를 거쳐 1903년, 40세에 포드 자동차를 설립했다.
　포드는 14세 때 어머니가 갑자기 세상을 떠났다. 당시 멀리에 있던 그는 마차를 타고 오느라 임종을 지켜보지 못했다고 한다. 이때부터 자동차에의 염원을 품었던 듯하다. 그리고 반드시 그렇게 될 거라고 스스로를 믿었다.
　그는 자동차 대량 생산의 선구자로 평가받으며 노동 환경, 자동차 대중화의 개념 또한 획기적으로 변화시켰다. 세계 최초로 컨베이어벨트 시스템을 도입해 공정의 표준화, 분업화, 전문화를 이루었고 백 년도 전인 1926년에 주 5일, 40시간 근무제를 처음 시작한 곳도 포드였다.

실행이 없는 비전은 단지 환각일 뿐이다.

문제점만 찾지 말고 해결책을 찾아라.
불평은 누구나 할 수 있다.

당신이 할 수 있다고 생각하든
할 수 없다고 생각하든 당신이 옳다.

Whether you think you can, or you think you can't
— you're right.

모든 일이 내 뜻대로 되지 않는다고 느껴질 때
비행기가 순풍이 아닌
역풍을 타고 이륙한다는 것을 기억하라.

When everything seems to be going against you,
remember that the airplane takes off
against the wind, not with it.

04

원인과 결과의 법칙

— 제임스 알렌 —

영국의 인생철학 작가인 알렌은 사업가 아버지의 파산과 죽음으로 15세 때부터 가족의 생계를 책임져야 했다. 그러한 삶의 고달픔 때문이었을까, 생의 무상함을 느끼던 차에 톨스토이 작품의 영향으로 그는 영적인 삶을 추구하게 된다. 이후 성경과 동양 고전을 깊이 파고든 끝에 《생각하는 대로As a Man Thinketh》라는 명저를 남긴다. 사람은 누구나 자기가 생각하는 대로 살게 된다는 내용을 담았는데, 핵심 원리는 간단하다.

"모든 결과에는 필연적인 원인이 있고, 인생의 결과를 바꾸려면 그 근본 원인인 나의 생각부터 바꿔야 한다."

알렌의 천재성과 성공하는 삶에의 성찰은 사후에 진가를 인정받았다. 끌어당김의 법칙류의 원형으로서 1억5천만 부 이상 팔렸으며 나폴레온 힐, 데일 카네기 같은 대가들에게 영감의 원천이 되었다.

사람은 자기가 생각하는 대로 살게 된다.

As a man thinketh in his heart, so shall he be.

**지금 내가 서 있는 곳은 나의 생각이 이끌어준 곳이다.
내일도 나는 내 생각이 이끌어준 곳에 있을 것이다.**

사람은 자신이 원하는 것을 끌어당기는 게 아니라
이미 자신의 모습이라고 여기는 것을 끌어당긴다.

Men do not attract that which they want,
but that which they are.

성공의 크기는 희생의 크기와 비례한다.
큰 성공을 바란다면 큰 희생을,
더없이 큰 성공을 바란다면
더없이 큰 희생을 치러야만 한다.

He who would attain highly must sacrifice greatly.
He who would accomplish little need sacrifice little;
he who would achieve much must sacrifice much.

· 《생각하는 대로》 ·

성공하려면 성공할 각오부터 해야 한다

    생각과 말에는 사람을 움직이는 힘이 있습니다.
    그렇게 행동이 바뀌어 습관이 되고, 이것들이 우리 삶을 하나하나 채웁니다. 책을 읽으며 앞서간 이들의 좋은 생각, 좋은 말에서 배움을 구하는 이유이기도 하고요. 한편으로 우리는 생각하고 말하는 대로 움직이지 않습니다. "무슨 일이 있어도 반드시 OO할 거야!"라는 다짐이 채 삼일을 못 갑니다. 생각과 말은 쉬워도 행동은 그렇지 않은 것입니다. 그래서 어떤 일에 꼭 성공하길 바란다면 성공할 각오부터 해야 합니다. 굳게 마음먹지도 않은 일을 제대로 실천하기는 어렵기 때문입니다.
    뭔가를 각오한다는 것은 다른 뭔가를 포기한다는 말과 같습니다.
    직장을 다니며 어려운 자격증 따기를 결심했다면 퇴근 후 휴식, 주말 나들이, 충분한 수면은 포기해야 합니다. 최대한 공부 시간을 확보해야 하니까요. 친구나 연인과의 약속, 취미생활은 물론이고 단번에 합격한다는 기약도 없이 일상의 많은 것들을 한동안 접어야 할 것입니다. 이처럼 목표에만 집중할 힘을 각오를 통해 얻을 수 있습니다.

   세상에는 그렇게 각오를 실천해 원하는 바를 이룬 사람들이 적지 않습니다. 어려운 여건에도 불구하고 그렇습니다. 가난하고 힘겨운 상황이었기에 각오가 더욱 큰 힘을 발휘하는지는 모르겠습니다. 다만 그들의 각오란 게 무슨 특별한 주문 같은 것은 아닙니다. 에이브러햄 링컨 대통령의 다짐을 한번 보겠습니다.

나는 준비할 것이고, 언젠가는 기회가 올 것이다.
I will prepare and some day my chance will come.

   평이해 보입니다. 여기에 무슨 성공의 큰 비밀이 숨어 있을 것 같지는 않습니다. 하지만 링컨은 마음먹은 그대로의 삶을 묵묵히 버텼습니다. 숱한 역경 속에 준비를 이어갔고, 언젠가 기회가 올 거라고 굳게 믿었습니다.
   가난한 개척농 집안에서 태어나 어머니와 누나의 죽음, 사업 실패와 연인의 죽음, 7번의 낙선 그리고 자녀들의 죽음 등 인생의 쓰라린 실패와 불행을 죄다 겪고도 그는 멈추지 않았습니다. 그렇게 링컨은 미국의 16대 대통령이 되어 위대한 업적, 그리고 아래의 명언을 남깁니다.

늘 명심하라. 성공하겠다는 너 자신의 결심이
다른 무엇보다 중요하다는 것을.
Always bear in mind that your own resolution to succeed
is more important than any one thing.

오직 나만은 지켜라

— 정약용 —

정약용은 28세에 문과에 급제해 정조의 총애를 받으며 동부승지, 형조참의 등의 벼슬을 지냈다. 천문, 과학에도 밝아 수원 화성을 설계하고 거중기를 만들어 축성 기간을 획기적으로 줄이기도 했다. 그런데 정조가 죽은 후 신유박해의 소용돌이에 휘말리며 그의 삶은 한순간에 무너졌다.

셋째 형 정약종과 조선 최초의 천주교 세례자인 자형 이승훈이 참수당하고, 정약용은 둘째 형 정약전과 전라도 강진, 흑산도로 각각 유배를 떠나야 했다. 36세에 시작된 유배는 18년간 이어져 55세에나 고향에 돌아올 수 있었는데, 이 기간 동안 그는 결코 스스로를 잃지 않았다.

유배 중에 다산茶山은 학문에 더욱 매진하며 《목민심서》, 《경세유표》를 집필하는 등 평생 500여 권의 저서를 남겼다. 흑산도로 간 정약전 역시 우리나라 최초의 해양생물학 전문서인 《자산어보》 등을 지었다.

쉬지 말고 기록하라.
생각이 떠오르면 수시로 기록하라.
기억은 흐려지고 생각은 사라진다.
머리를 믿지 말고 손을 믿어라.

· 다산기념관 비문 글 ·

한때의 재난으로
청운靑雲의 뜻을 꺾어서는 안 된다.

여유가 생긴 뒤에 남을 도우려 하면
결코 그런 날은 없을 것이고,
여가가 생긴 뒤에 책을 읽으려 한다면
결코 그 기회는 오지 않을 것이다.

待有餘而後濟人 必無濟人之日
待有暇而後讀書 必無讀書之時

**천하 만물 중에 굳이 지킬 것이 없지만,
오직 나만은 지켜야 한다.
천하에 잃기 쉬운 것에 나만 한 것이 없다.**

大凡天下之物　皆不足守　而唯吾之宜守也

故天下之易失者　莫如吾也

· 《여유당전서與猶堂全書》·

06

인생 계획은 노력 계획

― 혼다 세이로쿠 ―

　월급 투자로 억만장자가 된 혼다 세이로쿠라는 도쿄대 교수가 있다.
　메이지 시대에 자란 그는 11세 때 아버지를 여의고 고학으로 도쿄대학 농학부 교수가 되었으며, 근검절약과 투자를 통해 막대한 부를 이뤄 '자산 증식의 신'으로까지 불렸다.
　"인생 계획은 곧 노력 계획이다."라고 말하는 세이로쿠의 성공 비결은 간단하다. 월급을 최대한 아껴 4분의 1을 저축하고, 이렇게 모은 돈을 반복해서 투자한다. 부동산이나 주식이 2배로 오르면 절반을 회수해 새로운 곳에 투자하고 나머지는 묻어두는 식이었다. 그런데 그가 도쿄대 조교수 자리를 얻었을 때는 부양해야 할 가족이 9명이나 되었다. 4분의 1 저축부터가 결코 만만한 목표는 아니었던 것이다. 세이로쿠는 그렇게 모은 재산을 대부분 사회에 기부하였고, 죽을 때까지 370여 권의 저서를 남겼다.

노력 앞에 굳게 닫혀 있는 문은 없다.

돈을 무시하면
돈에 의해 무시당한다.

1. 수입의 4분의 1은 무조건 저축한다.
2. 호황일 때는 저축하고 불황일 때는 투자한다.

· 세이로쿠 투자의 핵심 ·

인생의 중대사는
가난한 사람과 상의하지 마라.
가난하기 때문에
인생 설계를 못 하는 게 아니라,
인생 설계를 하지 않으니까 가난한 것이다.

◇ 07 ◇

바라기만 해서는
이루어지지 않는다

**아무것도 변하지 않을지라도
내가 변하면 모든 것이 변한다.**

· 오노레 드 발자크 ·

네 생애에서 가장 빛나는 날은 성공한 날이 아니라
슬픔과 절망 속에서 생과 한번
부딪쳐보겠다는 느낌이 솟아오른 때다.

· 구스타브 플로베르 ·

결심하라. 그러면 홀가분할 것이다.

· 헨리 W. 롱펠로 ·

위대한 이들은 목적을 갖고,
그 외의 사람들은 소원을 갖는다.

· 워싱턴 어빙 ·

Great minds have purposes, others have wishes.

기회는 기다리는 사람에게 잡히지 않는 법이다.
우리는 기다리기 이전에
기회를 얻을 수 있는 실력을 갖춰야 한다.

· 도산 안창호 ·

08

너 자신이 되어라

— 오스카 와일드 —

    오스카 와일드는 영국 식민지 시절의 아일랜드에서 태어나 옥스퍼드 대학에서 고전문학을 공부했다. 미학 운동을 접하면서 유미주의, 즉 예술을 위한 예술Art for Art's Sake에 대한 신념을 키웠다. 동화집《행복한 왕자》로 호평을 받았고, 1890년에 그의 유일한 장편소설《도리언 그레이의 초상》을 발표해 영국 최고 작가의 반열에 올랐다. 이 책은 동성애적이고 퇴폐적이라는 평단의 비판을 받기도 했다.

    작가로서 전성기를 누리던 중에 오스카 와일드는 동성애 혐의로 유죄 판결을 받고 2년간 옥살이를 하며 극적인 몰락을 겪게 된다. "나는 내 천재성에 대한 확신이 있다."라는 말을 남겼을 만큼 그는 문학뿐 아니라, 자신의 삶 자체를 예술로 만들고자 했는지도 모른다.

**인생의 목적은 자기계발이다.
자신의 본성을 완벽하게 실현하는 것,
그 목적을 위해 우리 모두 여기에 존재한다.**

· 도리언 그레이의 초상 ·

The aim of life is self-development.
To realize one's nature perfectly
— that is what each of us is here for.

너 자신이 되어라. 다른 사람들은 이미 있으니까.

Be yourself ; everyone else is already taken.

**우리는 모두 시궁창에 빠져 있지만,
그래도 누군가는 저 멀리 별들을 바라본다.**

· 윈더미어 부인의 부채 ·

We are all in the gutter, but some of us are looking at the stars.

09

삶은 생각으로 만들어진다

— 마르쿠스 아우렐리우스 —

플라톤은 철학자가 왕이 되지 않는 이상 세상의 어지러움은 사라지지 않는다고 했다. 그로부터 5백년 후, 플라톤의 철인정치를 실현한 인물이 로마 5현제의 마지막 황제인 아우렐리우스이다.

아우렐리우스는 열두 살 때부터 철학자의 복장을 하고, 푹신한 침대보다 맨바닥에서 자는 것을 좋아했다고 한다. 40세에 황제에 오른 그는 평화를 추구하며 선정을 베풀고자 노력했으나, 바람과는 달리 오랜 세월을 전쟁터에서 보내야만 했다. 그의《명상록》또한 전장에서 쓴 일기로, 사람들에게 읽히려는 게 아니라 자기 성찰이 목적이었다. "철학이 너를 만들려고 했던 그런 사람으로 남도록 노력하라."라고《명상록》에 썼듯이 삶은 성찰, 즉 내 스스로의 생각으로 만들어지기 때문이다.

우리 인생은
우리의 생각에 의해 만들어진다.

Our life is what our thoughts make it.

현재의 이 시간이 너에게 선물이 되게 하라.

네 마음은 네가 자주 떠올리는
생각을 닮게 될 것이다.
영혼은 생각의 색채로 물들기 때문이다.

Your mind will be like its habitual thoughts;
for the soul becomes dyed with the color of its thoughts.

불행은 다른 데서 오는 게 아니다.
그것은 불행이 존재할 수 있다는
너의 확신으로부터 온다.
그러므로 그러한 확신을 거부하라.

· 《명상록》 ·

10

스스로 돕는다는 것

— 새뮤얼 스마일스 —

"하늘은 스스로 돕는 자를 돕는다.(Heaven helps those who help themselves.)"
이렇게 첫 문장을 시작하는 《자조론Self-help》은 자기계발 장르의 시초로 여겨진다. 스스로 나아지려는 마음에 불을 댕긴 최초의 베스트셀러, 19세기 성공철학의 초석이 된 책이다. 에머슨의 〈자기신뢰self-reliance〉가 나에 대한 믿음을 강조했다면《자조론》(1859)은 스스로를 도와 인생을 개척하라는 적극적인 메시지를 담아 큰 반향을 얻었다.

스마일스는 14세 때 학교를 중퇴하고 의사 밑에서 보조 일을 하다가, 에든버러 대학에서 의학을 공부했다. 이후 병원을 개업하여 가난한 지역민들을 위한 삶을 살았다. 외부의 도움에 기댈 게 아니라 스스로를 돕는다는 것, 즉 자조自助의 태도가 중요한 것은 그것이 성공의 속성이기 때문이다. 새뮤얼 스마일스는 본인의 삶으로도 그 '자조'를 증명해냈다.

인생은 그 대부분이 자신을 비추는 거울이다.

남의 도움은 차츰 효과가 약해지지만,
스스로를 돕는 것은 언제나 강력한 힘이 된다.

· 자조론 ·

사람이 지치는 것은
부지런히 일할 때가 아니라
게으름을 피울 때다.

· 인격론 ·

The spirits may be exhausted and wearied by employment,
but they are utterly wasted by idleness.

인재를 가장 많이 배출한 곳은
고난이라는 학교였다.

· 자조론 ·

The most prolific school of all has been the school of difficulty.

Part 2

각오가

우리를 버티게

해준다

큰 결과를 내기 위해서는
크나큰 결심, 즉 각오가 필요합니다.
결심과 각오, 이 둘은 비슷한 듯하면서 다릅니다.
가장 큰 차이는 확고한 의지에 있습니다..

스무 살 김연아 역시
"기적을 일으키는 것은 신이 아니라 자신의 의지다."
라고 본인의 책에 적었습니다.
어떤 어려움에도 끝까지 해내려는 의지,
각오는 의지로 열매를 맺습니다.

〈 11 〉

기회를 기다리지 마라
— 오리슨 S. 마든 —

　오리슨 스웨트 마든은 3세 때 어머니가, 7세 때 아버지가 세상을 떠나고 십대 때부터 허드렛일을 하며 생활을 꾸렸다. 얹혀살던 집 다락방에서 새뮤얼 스마일스의 《자조론》을 읽고 스스로 삶을 개척하기로 결심했다고 한다. 그는 일과 학업을 병행하며 보스턴대학교에 입학하고 이후 하버드대학교에서 의학을, 다시 보스턴대학교에서 법학을 공부했다. 가진 것 하나 없이 시작해 스스로 기회를 만들고 성취를 이뤄낸 것이다.

　졸업 후에는 호텔 사업에서 수완을 보였는데, 화재로 호텔이 전소하고 오랫동안 준비한 원고마저 다 타버렸다. 하지만 끝내 《선두를 향하여 Pushing to the front》를 다시 써서 큰 인기를 얻었다. 마든은 인간의 내면이 성공의 중요한 열쇠이며 그 핵심은 자신감과 의지, 긍정적 사고에 있다고 보았다. "성공은 당신이 믿는 만큼 가까이에 있다."라는 사실을 설득력 있게 제시함으로써 그는 성공철학의 선구자가 되었다.

현재 있는 곳이 아니라
다다르고 싶은 곳에 초점을 맞춰라.

보이는 곳까지 멀리 나아가라.
그곳에 도달하면 더욱 멀리 보일 것이다.

위대한 일을 이룬 모든 사람들은
위대한 꿈을 꾸었다.

All men who have achieved great things
have been great dreamers.

특별한 기회가 올 거라고 기다리지 마라.
평범한 기회를 붙잡아서 특별하게 만들어라.
약자는 기회를 기다리지만,
강자는 그 기회를 스스로 만든다.

· 선두를 향하여 ·

Don't wait for extraordinary opportunities.
Seize common occasions and make them great.
Weak men wait for opportunities;
strong men make them.

12

믿으면 이루어진다

— 클로드 브리스톨 —

성공학 거장, 클로드 브리스톨은 언론사 기자로 일하던 중 1차 세계대전이 일어나자 미군 〈성조지 Stars and Stripes〉 기자로 참전했다. 귀국 후 투자은행에 들어가 큰돈을 벌었으나, 세계 대공황 여파로 심각한 어려움을 겪게 된다. 이때의 위기를 극복한 경험을 바탕으로 사람들에게 성공과 신념의 법칙을 전하고자 내놓은 게 《신념의 마력 The magic of believing》이었다. 이 책은 베스트셀러가 되며 성공학 필독서로 자리매김하였고, 수백만 명의 삶을 바꿨다는 찬사를 받았다.

책에서 그는 "기적은 기적을 믿는 사람에게만 일어난다."라고 말한다. 신념이야말로 원하는 바를 성취하게 해주는 힘이며, 할 수 있다고 믿는 사람에게는 이루지 못할 일이 없다는 것이다.

능력보다 중요한 것은 바로
할 수 있다는 신념이다.

우연처럼 보여도 우연이 아니다.
그것은 당신이 손수 엮은 패턴들이 움직인 결과이다.

내 마음은 무엇을 원하는가?
그것을 구체적이고 명확하게 정하라.
그리고 무엇이든
마음속으로 강렬하게 원하면
반드시 이루어진다고 확신하라.

겉모습은 내면에서 나온다.
사람은 자기 생각의 산물이다.
당신 스스로 그렇다고 믿는 것이 바로 당신이다.

· 신념의 마력 ·

What you exhibit outwardly, you are inwardly.
You are the product of your own thought.
What you believe yourself to be, you are.

오직 목표가 있을 뿐

— 프란츠 카프카 —

카프카는 평생 불안과 고독, 글쓰기를 껴안고 살았다. 법학을 전공해 보험회사에 다녔지만, 삶의 중심은 오직 문학이었다. 낮에는 생계를 위해 일했고, 밤에는 끊임없이 글을 썼다. 대다수 작품은 생전에 발표되지 않았으며 크게 주목을 받지도 못했다. 하물며 40세의 짧은 생, 병마와 싸우면서도 그의 열정은 식지 않았다.

"나는 문학에 관심이 있는 것이 아니라 문학으로 만들어져 있으며, 나는 다른 그 무엇도 아니고 다른 그 무엇이 될 수도 없다."

이렇게 말할 만큼 카프카의 삶은 문학만을 향해 있었다. 《변신》에서 벌레로 변한 주인공 그레고르를 통해 인간 소외를, 《심판》과 《성》에서는 불합리한 권력과 존재의 불안을 그려내며 그는 20세기 문학계에 누구보다 강력한 영향을 끼친 작가로 우뚝 섰다.

삶이 소중한 이유는 언젠가 끝나기 때문이다.

The meaning of life is that it stops.

책은 우리 안의 꽁꽁 얼어붙은
바다를 깨는 도끼여야 한다.

받아들일 수 있는 일보다 옳은 일부터 시작하라.

Start with what is right rather than what is acceptable.

오직 목표가 있을 뿐 길은 없다.

우리가 길이라고 부르는 것은 망설임에 불과하다.

There is a destination but no way there;
what we refer to as way is hesitation.

· 카프카 잠언집 ·

운을 믿지 마라
— 랄프 W. 에머슨 —

에머슨은 하버드대 신학부를 졸업하고 목사가 되었으나, 형식에 치우친 믿음에 회의를 느껴 목사직을 사임하였다. 이후 유럽으로 건너가 토머스 칼라일, 헨리 데이비드 소로 등과 어울리며 동양철학에도 심취하였다.

그는 초월주의 운동의 중심인물로서 19세기 미국 문학과 철학에 큰 영향을 미쳤다. 초월주의는 전통 종교와 합리주의 철학을 초월해 개인의 자립과 자기 신뢰self-reliance, 직관적 지식, 자연과의 조화를 중시하였다. 그중 자기 신뢰는 행복한 삶과 성공에 이르는 핵심 비결이기도 하다.

운과 우연을 바라는 대신에 "그대 자신을 믿어라.", "나를 구원하는 것은 나 자신이다." 같은 가르침을 통해 에머슨은 미국 문화의 정신적 기둥이 되었으며, 전 세계 독자들에게 깊은 울림을 주었다.

세상은 자신이 어디로 가는지
아는 사람에게만 길을 열어준다.

나 자신에 대한 자신감을 잃으면
온 세상이 나의 적이 된다.

모든 인생은 실험이다.
더 많이 실험할수록 더 나아진다.

All life is an experiment.
The more experiments you make the better.

얄팍한 사람은 운이나 상황을 믿는다.
강한 사람은 원인과 결과를 믿는다.

Shallow men believe in luck or in circumstance.
Strong men believe in cause and effect.

15

지금 무엇을 할 것인가

— 어니스트 헤밍웨이 —

헤밍웨이는 평생을 모험과 도전, 문학을 사랑하다가 떠났다.

고교 졸업 직후 1차 세계대전에 자원해 운전병으로 복무 중 심한 부상을 입었는데, 이때의 경험이 훗날 《무기여 잘 있거라》의 토대가 되었다. 파리에서 활동하며 《태양은 다시 떠오른다》로 주목받았고, 스페인 내전의 참상을 그린 《누구를 위하여 종은 울리나》로 호평을 얻었다. 그리고 1952년에 발표한 《노인과 바다》는 인간의 존엄과 불굴의 의지를 그려내 퓰리처상 및 노벨문학상 수상의 결정적인 계기가 되었다.

헤밍웨이는 말년에 극심한 우울증과 피해망상 끝에 스스로 생을 마감했다. 하지만 "인간은 파멸당할지라도 패배하지는 않는다."라는 《노인과 바다》의 명대사처럼 삶과 창작의 한계에도 불구하고 도전을 멈추지 않았다. 그는 최선을 다해 살아내고자 했다.

글도 그렇고 인생도 그렇다.
모든 것은 수십, 수백 번 고쳐 쓰는 것이다.

이곳저곳을 돌아다녀도
자신에게서 벗어날 수는 없다.

· 태양은 다시 떠오른다 ·

You can't get away from yourself
by moving from one place to another.

세상이 모두를 파괴해도
많은 사람들은 그 폐허 속에서 강해진다.

· 무기여 잘 있거라 ·

The world breaks everyone, and afterward,
many are strong in the broken places.

지금 이 순간은
가지지 못한 것을 생각할 때가 아니야.
현재 가지고 있는 것으로
무엇을 할 수 있을지를 생각해야 해.

· 노인과 바다 ·

Now is no time to think of what you do not have.
Think of what you can do with what there is.

필사의 각오, 쓰면 이루어진다

　필사는 느리지만, 가장 깊이 있는 독서법입니다.
　인쇄술이 발달하기 전에는 책을 일일이 베껴 적어야 했지요. 당연히 상당한 노력이 필요했습니다. 한편으로 수도원이나 사찰에서는 수행의 한 과정으로 경전을 옮겨 적기도 했습니다. 문장의 의미를 되새기며 한 자 한 자 써 내려가는 사경寫經을 통해 경전의 말씀을 조금이라도 더 깊이 가슴에 담고자 한 것입니다.
　필사는 좋은 문장을 찾아 옮겨 적으면 되지만, 그냥 옮겨 적기여서도 안 됩니다. 눈으로 읽고, 손으로 쓰고, 마음으로 음미하는 과정을 따라야 합니다. 아래 세 가지에 유의해 시작해보기 바랍니다.
　첫째, 나와 차분히 마주하는 시간을 정해 필사합니다.
　좋은 가르침을 내 마음에 새기는 게 중요하지, 무작정 많이 읽고 많이 필사할 이유는 없습니다. 나와 진솔하게 대면하는 가운데, 어느 한순간의 울림이 나를 움직이고 내 삶을 바꾸는 것입니다.

둘째, 몰입하는 필사여야 합니다.

텍스트라는 게 원래 그렇습니다. 한 번 읽고 쓰면 그만인 경우가 허다해서 우리는 곧잘 미동조차 없습니다. 내게 필요하겠다 싶은 문장을 만나면 천천히 음미하며 읽고, 정성껏 쓰고, 허공에 또 한 번 떠올려봅니다. 그런 다음에 다이어리나 필사 노트에 옮겨 적습니다.

셋째, 글씨를 정성껏, 천천히 씁니다.

팔만대장경을 만든 장인들은 경판의 글자 하나를 새길 때마다 절을 한 번씩 했다지요. 그 정도까지는 아니더라도 필사의 시간만큼은 글씨를 천천히 쓰는 습관을 들여보기 바랍니다.

"(펜을 가볍게 쥐고) 붓글씨를 쓰듯이 글자 모양을 의식하며 천천히 쓰기"

이 같은 마음가짐이면 충분한데, 이는 손글씨가 좋아지는 요령이기도 합니다. 깔끔하게 잘 써지는 펜 선택도 중요합니다. 볼펜보다는 유성과 수성의 장점을 고루 갖춘 중성펜 0.5mm를 추천합니다.

AI가 대신 글을 쓰고 그럴듯한 답마저 찾아주는 세상인데, 굳이 손으로 일일이 적어야 할까요? 각오를 다짐하는 필사라면 그래야 합니다.

종이 위에 쓰면 이루어질 가능성도 높아집니다. 이를 심리학에서는 긍정적인 자기암시 및 우리의 뇌가 다짐 문장을 실현해야 하는 목표로 인식하는 등의 효과로 설명합니다. 물론 책 속 문장이 삶을 직접 바꿔주지는 않을 것입니다. 이렇게 해야 해, 라고 이끌어줄 뿐입니다. 우리 삶을 바꾸는 것은 어디까지나 우리 자신입니다.

16

나는 해야 한다

— 독립운동가들 —

　우리 역사에는 국난의 시기에 나라를 위해 죽음을 무릅쓴 이들이 적지 않았다. 목숨을 걸어야 했던 만큼 그들에게는 남다른 각오가 있었다.

　안중근은 만주의 여순 감옥에서 "장부는 비록 죽더라도 마음은 쇠와 같다."라는 글씨를 남길 정도로 기개를 잃지 않았다. 그의 어머니 조마리아 여사 역시 "네가 나라를 위해 이에 이른즉 딴 맘 먹지 말고 죽으라."라고 적으며 사랑한다는 말 한마디를 보태지 못했다.

　충청도에서 야학을 열고 농촌계몽운동을 하던 윤봉길은 "대장부는 집을 나가 뜻을 이루기 전에는 살아 돌아오지 않는다."라는 글을 남기고 중국으로 향했다. 김구 선생을 만났고, 일본군 1만 명이 집결한 기념식에서 폭탄을 투척했다. 유관순은 열여섯 나이에 투옥되어 서대문형무소에서 죽음을 맞았다. 꼭 해야만 했기에 했고, 모진 고문에도 지지 않았다.

이익을 보거든 의로움을 생각하고
나라가 위태로우면 목숨을 바쳐라.

· 안중근 ·

見利思義　見危授命 (원문은 論語)

만약 누군가가 할 수 있다면, 나는 할 수 있다.
아무도 할 수 없다면, 나는 해야 한다.

· 유관순 ·

세월을 헛되이 보내지 말라.
청춘은 다시 오지 않는다.

· 안중근 ·

白日莫虛渡　靑春不在來

나는 한 가지 각오가 있었다.
시들어 가는 삼천리강산을 바라보고만 있을 순 없었다.

· 윤봉길, 애국단 입단 이력서 ·

17

멘탈이 강해야 삶이 바뀐다

우리가 두려워해야 할 유일한 것은
두려움 그 자체이다.

· 프랭클린 루즈벨트 ·

몇 번을 실패했는지는 중요하지 않다.
단 한 번만 제대로 해내면 된다.

· 마크 큐반, 억만장자 기업가 ·

승리는 가장 끈기 있는 자에게 돌아간다.

· 나폴레옹 보나파르트 ·

마법은 스스로를 믿는 것이다.
그럴 수만 있다면
어떤 일도 일어나게 할 수 있다.

· 요한 볼프강 괴테 ·

Magic is believing in yourself.
If you can do that, you can make anything happen.

무언가를 위해 목숨을 버릴 각오가 되어 있지 않는 한
그것이 삶의 목표라는 어떤 확신도 가질 수 없다.

· 체 게바라 ·

We cannot be sure of having something to live for
unless we are willing to die for it..

인생은 자신을 만드는 것

— 조지 버나드 쇼 —

　버나드 쇼는 아버지의 사업 실패로 초등학교밖에 마치지 못했다. 그래서 사환으로 일하며 독학으로 문학과 철학, 음악 등의 지적 기반을 쌓아야 했다. 20대 초에는 런던으로 이주해 소설가의 꿈을 품지만, 그의 작품은 퇴짜 맞기 일쑤였다. 4년 동안 쓴 5편의 소설 모두가 출판을 거절당했다. 그럼에도 그는 포기하지 않았다. 연극과 음악 비평, 사회 비판을 꾸준히 기고하며 입지를 다졌고, 극작가로서 차츰 작품성을 인정받았다.

　《인간과 초인》,《악마의 제자》,《피그말리온》 등으로 명성을 얻은 끝에 버나드 쇼는 1925년에 노벨 문학상, 1939년에는 영화 〈피그말리온〉으로 아카데미 각색상을 받았다. 한편으로 사회주의 신념을 토대로 불평등과 빈곤, 여성 권리 등의 이슈에서 세상의 변혁을 이끌어내기 위해 애썼다. "우물쭈물하다가 내 이럴 줄 알았다."라는 그의 묘비문과는 달리 그는 치열하고도 훌륭히 자신의 삶을 만들어냈다.

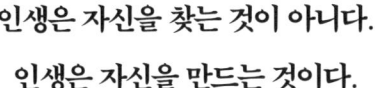

인생은 자신을 찾는 것이 아니다.
인생은 자신을 만드는 것이다.

젊었을 때 나는 내가 한 일의
열 중 아홉은 실패였음을 알게 됐다.
그래서 열 배는 더 노력했다.

🖋

자신의 마음을 바꿀 수 없는 사람은
아무것도 바꿀 수 없다.

Those who cannot change their minds cannot change anything.

🖋

사람들은 늘 자신이 처한 환경을 탓해요.
나는 환경을 믿지 않아요.
스스로 원하는 환경을 찾아내고, 찾을 수 없을 때는
환경을 직접 만들어야 성공할 수 있어요.

· 워렌 부인의 직업 ·

19

계속할 용기

— 윈스턴 처칠 —

처칠은 정치가 집안에서 태어나 샌드허스트 육군사관학교를 졸업했다. 기병 소위로 보어전쟁에 참여하였으며, 포로가 되었다가 탈출한 이력 등에 힘입어 26세에 하원의원으로 정치에 입문하였다.

젊은 나이에 의원이 되었어도 그의 정치 여정이 순탄한 것만은 아니었다. 1차 세계대전 때 상륙작전 실패로 해군 장관에서 문책되었고, 자유당으로 당적을 바꿨다가 배신자로 낙인찍히는 등의 부침이 있었다. 하지만 그는 계속 나아갔다. 2차 세계대전 중에 총리가 된 후에도 다르지 않았다. 독일이 프랑스를 완전히 점령하고 유럽에서 영국이 거의 홀로 남은 암울한 상황에서조차 처칠은 물러서지 않았다.

"우리는 끝까지 싸울 것입니다. 우리는 결코 항복하지 않을 것입니다."

이렇게 연설하는 그의 강인한 의지, 리더십이 영국 국민에게 큰 힘을 주었고, 그를 영웅으로 만들었다.

성공이란 실패를 거듭하면서도
열정을 잃지 않는 능력이다.

공포는 반응이고 용기는 결정이다.

Fear is a reaction. Courage is a decision.

비관주의자는
모든 기회에서 어려움을 찾고,
낙관주의자는
모든 어려움에서 기회를 찾는다.

A pessimist sees the difficulty in every opportunity,
an optimist sees the opportunity in every difficulty.

성공은 최종적이지 않고, 실패는 치명적이지 않다.
중요한 것은 계속할 용기이다.

Success is not final, failure is not fatal.
It is the courage to continue that counts.

20

네 삶의 주인이 되어라

— 에픽테토스 —

노예 출신의 철학자, 에픽테토스는 소아시아에서 노예로 태어나 주인의 학대로 절름발이가 되었다고 한다.(낭설로 추정되는데 다리를 절었던 것은 맞다.) 철학을 접하며 꾸준히 배움을 구한 끝에 자유인이 되었고, 로마 황제와 귀족들에게 가르침을 줄 만큼 명성을 떨쳤다.

에픽테토스는 "환경이 사람을 만드는 게 아니다. 환경은 그가 어떤 사람인지 드러낼 뿐이다."라는 말을 남겼다. 그의 철학은 내가 통제할 수 없는 외부의 일에 집착하지 말고 자신의 태도와 판단에 집중할 것을 강조한다. 신분이나 외적인 조건이 아니라 내가 어떻게 생각하고 선택하는지에 따라 자유와 노예적 삶이 결정되기 때문이다. 그의 가르침은 제자들이 정리한 《담화록》과 《엥케이리디온》으로 전해지며, 아우렐리우스 황제 같은 후대 스토아 철학자로 이어졌다.

신은 내게 나 자신을 맡겼다.
자신의 주인이 되지 못하는 사람은
결코 자유롭지 않다.

우리가 통제할 수 없는 것들은 무시하라.
진정한 자유는 삶의 한계를 받아들이는 데 있다.

중요한 것은 당신에게 생긴 일이 아니라,
그 일에 대한 당신의 반응이다.

It's not what happens to you,
but how you react to it that matters.

우선 무엇이 되어야 하는가를
네 자신에게 말하라.
그러고 나서 해야 할 일을 하라.

First, say to yourself what you would be;
and then do what you have to do.

21

죽음을 사용하는 방향

— 사마천 —

사마담의 뒤를 이어 태사령太史令이 된 사마천은 부친의 뜻에 따라 역사서 편찬에 매진하였다. 그 와중에 흉노에게 항복한 장수 이능을 변호하다가 무제의 노여움을 사게 되었는데, 죽음을 맞는 대신에 생식기를 거세하는 궁형을 선택했다. 《사기》 집필을 위해서였다. 그러한 일념으로 사마천은 총 130권, 4천여 명의 삶이 기록된 《사기》를 완성할 수 있었다.

궁형을 당한 후의 치욕과 고통스러운 심정, 그럼에도 살아남아야 했던 이유는 사마천이 친구 임안에게 보내는 〈보임안서報任安書〉라는 편지에 잘 드러나 있다. 그 내용 중 한 대목은 이렇다.

"사람은 누구나 한 번 죽으오. 어떤 죽음은 태산보다 무겁고, 어떤 죽음은 새털보다 가볍소. 죽음을 사용하는 방향이 다르기 때문이오."

존귀하게 되는 까닭을
소중히 여기는 자는 마침내 존귀하게 된다.

貴其所以貴者貴

망설이는 호랑이는 쏘는 벌보다 못하다.

猛虎之猶豫　不若蜂蠆之致螫

작은 것에 연연하다 큰 것을 놓치면
후에 반드시 손해가 있고,
의심하고 주저하면 후에 반드시 후회한다.
과감하게 실행하면 후에 성공이 뒤따른다.

· 이사열전 ·

顧小而忘大後必有害 狐疑猶豫後必有悔 斷而敢行後有成功

가진 것이 없는 사람은 노동을 하고,
약간의 재물이 있는 사람은 머리를 써서 경쟁하고,
많은 재산이 있는 사람은 때를 노린다.

· 화식열전 ·

無財作力　少有鬪智　旣饒爭時

위대한 과업의 조건

— 새뮤얼 존슨 —

　새뮤얼 존슨은 〈워싱턴 포스트〉가 지난 천 년의 인류 역사에서 최고의 저자로 선정한 인물이다. 그는 영국 리치필드에서 서적상의 아들로 태어나 옥스퍼드대학에 들어갔으나 경제적 어려움으로 중퇴했다. 이후 작가의 삶을 꿈꾸며 런던으로 이주해 잡지 기고로 생계를 꾸리는 한편 풍자시 〈런던〉, 〈덧없는 소망〉 등을 발표해 이름을 알렸다.

　그는 1755년에 영국 최초의 근대적인 영어사전 〈A Dictionary of the English Language〉 편찬을 혼자 힘으로 8년 만에 완성하였다. "위대한 성과는 힘이 아닌, 인내의 산물이다."라는 자신의 말을 증명한 역작이라 할 만하다. 이 사전은 150년 후에 옥스퍼드 영어사전이 나오기 전까지 독보적인 지위를 누렸다. 이어서 철학적 우화 《라셀라스》 및 〈셰익스피어 전집〉, 〈영국 시인전〉 편찬 등으로 명성을 드높였다.

자신감은
위대한 과업의 첫째 요건이다.

짧은 인생은
시간 낭비에 의해 더욱 짧아진다.

희망은 어떤 상황에서도 필요하다.

Hope is necessary in every condition.

**위대한 성과는 힘이 아닌, 인내의 산물이다.
하루에 3시간을 걸으면
7년 후에 지구를 한 바퀴 돌 수 있다.**

· 라셀라스 ·

Great works are performed, not by strength,
but by perseverance. Those that walk with vigor,
three hours a day, will pass in seven years
a space equal to the circumference of the globe.

길은 가까이에 있다
— 맹자 —

경계하고 경계하라.
너에게서 나온 것은 다시 너에게로 돌아간다.

戒之戒之 出乎爾者 反乎爾者也 〈梁惠王〉

■《맹자孟子》는 논어, 대학, 중용과 함께 사서에 속한다. 전국시대의 유가였던 맹자가 제자들에게 주는 가르침, 그리고 고자告子 등 다른 사상가와의 논쟁을 담았다.

길은 가까이에 있다.
하지만 사람들은 그것을 멀리서 찾는다.
일은 해보면 쉬운 것이다.
해보지도 않고 어렵게 여기기 때문에
할 수 있는 일들을 놓치는 것이다.

道在邇而求諸遠 事在易而求諸難 〈離婁〉

하늘이 장차 큰일을 맡기려 할 때는
반드시 먼저 그 마음을 괴롭히고
신체를 고단하게 하며
배를 굶주리게 하고
생활을 곤궁에 빠뜨려
행하는 일마다 힘들고 어지럽게 하나니

이로써 마음을 분발하게 하고
성품을 굳건히 해 이제껏 못하던 일을
더욱 이루게끔 해주려는 것이다.

天將降大任於是人也　必先苦其心志
勞其筋骨　餓其體膚　空乏其身　行拂亂其所爲
所以動心忍性　曾益其所不能 〈告子〉

24

죽고자 하면 살 것이다
— 이순신 —

　36전 36승의 한국사 최고 명장, 이순신은 한성의 몰락한 가문에서 태어나 32세에 어렵게 무과에 급제했다. 이후 10년 넘게 변방을 떠돈 끝에 1591년에 전라좌수영 수군절도사에 임명되었다. 그는 거북선을 개발하고 판옥선 20여 척을 준비하는 등 전쟁에 대비하였다.
　이듬해에 임진왜란이 일어나자 옥포, 사천 등에서 연승하고 한산대첩에서 왜선 59척을 격파하며 크게 무찔렀다. 이때 학익진을 처음 펼쳤다. 1597년에는 파직되어 백의종군했는데, 원균이 이끄는 조선 수군이 칠천량해전에서 궤멸되고 나서 삼도수군통제사로 복귀해 명량해전 승리를 이끌었다. 단 12척의 배로 133척의 왜선에 맞선 기적 같은 결과였다. 이순신은 하루 전날에 휘하 장수들에게 이렇게 당부한다.
　"죽기를 각오하면 살 것이요, 살고자 하면 죽을 것이다."
　이 해에는 어머니의 임종을 지키지 못하였고 셋째아들마저 전사했다.

아직 열두 척의 배가 남았고, 미천한 신하는 죽지 않았습니다.

尙有十二 微臣不死

· 원균의 대패 후 선조에게 올린 장계 ·

함부로 움직이지 말고 태산과 같이 신중하라.

勿令妄動 靜重如山

· 첫 출전인 옥포해전을 앞두고 ·

✎

죽기를 각오하면 살 것이요,
살고자 하면 죽을 것이다.
또한 한 사람이 길목에서 맞서면
천 명도 두렵게 할 수 있다고 했다.
지금 우리를 두고 한 말이다.

必死則生 必生則死
又曰一夫當逕 足懼千夫 今我之謂矣

· 명량해전 출전을 하루 앞두고 ·

✎

싸움이 한창 급하니 나의 죽음을 알리지 말라.

戰方急 愼勿言我死

· 마지막 노량해전 중 ·

Part 3

미친 실행력을 갖는 법

원하는 걸 이루기 위해
가장 먼저 할 일은 명확한 목표 세우기입니다.
이때 바람을 목표로 착각해서는 안 됩니다.
둘의 차이는 구체적인 계획 여부입니다.
바람을 언제까지, 어떻게 하겠다는 목표로 바꾸고
그 목표를 단계별로 쪼개어 계획을 세웁니다.
이제 오늘 할 일을 실행에 옮깁니다.

"오늘이 내일의 모습이다. 오늘 하지 않으면
내일도 하지 않는다."라는 말이 있듯이
하루하루 꾸준히 쌓아가는 게 중요합니다.

의지만으로 충분하지 않다

— 요한 볼프강 괴테 —

    괴테는 13세에 시집을 낼 만큼 문학에 재능을 보였다. 아버지 뜻에 따라 법학을 전공해 변호사가 되었지만, 끝내는 문학으로 기울었다.

    그는 20대 중반에 《젊은 베르테르의 슬픔》을 발표해 유럽 전역에서 하루아침에 유명 작가가 된다. 다른 이의 약혼녀인 샤를로테를 짝사랑하게 된 경험을 바탕으로 쓴 소설이었다. 문학가로서 명성이 높았던 외에 여행기와 학자 수준의 식물학 책 출간, 광물학과 해부학 연구 성과(인간의 간악골 발견), 연극 연출 등 다방면으로 활약했다. 그리고 구상부터 완성까지 60년이 걸린 대작 《파우스트》를 1832년에 내놓는다. 인간의 구원 문제를 깊이 있게 탐구한 이 작품은 독일 문학의 최고 걸작으로 평가받는다.

    괴테는 아인슈타인, 다빈치에 못지않은 천재였다고 일컬어지는데, "참다운 지식은 경험밖에 없다."라고 할 만큼 실행력을 겸비한 천재였다.

아는 것만으로는 충분하지 않다.
적용해야 한다.
의지만으로 충분하지 않다.
실행해야 한다.

고난이 있을 때마다 그것이
참된 인간이 되어가는 과정임을 기억해야 한다.

스스로를 믿는 순간,
어떻게 살아야 할지 깨닫게 될 것이다.

· 파우스트 ·

As soon as you trust yourself,
you will know how to live.

발상의 영역에서는 모든 것이 열정에 달려 있다.
실제 세계에서는 모든 것이 인내에 달려 있다.

· 잠언과 성찰 ·

In the realm of ideas, everything depends on enthusiasm.
In the real world, all rests on perseverance.

반드시 해내겠다는 마음

— 엘버트 허버드 —

저녁에 한 시간 남짓 걸려서 쓴 글이 세계에서 1억 부 이상 팔리며 기업 조직의 필독서가 된 적이 있다. 엘버트 허버드가 쓴 〈가르시아 장군에게 보내는 편지A Message to Garcia〉라는 짧은 글이다. 허버드는 세일즈맨으로 크게 성공한 후 출판 공동체 로이크로프트를 설립했는데, 본인이 발행하는 잡지에 그것을 발표해 엄청난 반향을 얻었다.

이 글은 미국 대통령의 밀서를 쿠바의 밀림에 숨은 장군에게 전하라는 명령을 받은 로완 중위의 실화를 바탕으로 하고 있다. 미국 스페인 전쟁 중의 일이었다. 로완은 한 치의 망설임도 없이 명령을 수행한다. 가르시아 장군이 정확히 어디에 있는지, 어떻게 거기까지 갈 수 있는지는 묻지 않았다. "내가 맡은 일은 반드시 해낸다."라는 주도적인 태도와 책임감으로 그는 주어진 임무를 해내고자 할 뿐이었다.

실패는 성공으로 가는 지연일 뿐,
포기하지 않는 한 끝이 아니다.

로완 중위는 묵묵히 편지를 받을 뿐
"그는 지금 어디에 있습니까?"라고 묻지 않았다.

· 가르시아 장군에게 보내는 편지 ·

인생은 지긋지긋한 일의 반복이다.

Life is just one damned thing after another.

당신이 무엇을 원하는지 알고,
당신의 생각을 굳건하게 하며,
매일 해야 할 일을 하라.
그러면 하루하루 지날 때마다
당신은 목표에 더 가까워질 것이다.

Know what you want to do, hold the thought firmly,
and do every day what should be done,
and every sunset will see you that much nearer to your goal.

작은 성공부터 시작하라
— 데일 카네기 —

데일 카네기는 미주리주의 한 농가에서 태어나 가난한 어린 시절을 보냈다. 워렌스버그 대학 졸업 후 강사, 세일즈맨으로 사회생활을 시작했는데, 사람들이 말하기와 설득의 기술을 필요로 한다는 사실을 깨닫고 효과적인 대화법과 자기계발 강의에 뛰어들었다.

인간관계를 잘하기 위한 그의 실용적인 조언은 많은 이들에게 자신감을 불어넣었다. 1936년에 출간한 《카네기 인간관계론How to win friends and influence people》은 오늘날까지 전 세계적인 베스트셀러가 되었다. 그 밖에 《자기관리론》, 《성공 대화론》 등의 저서도 유명하다.

그는 성공이 우연이나 행운이 아니라 "일상적인 노력의 결과"라고 말한다. 작은 노력과 작은 성공이 오래 쌓여야 하므로 스스로에 대한 믿음, 자기관리와 시간 관리도 덩달아 중요해지는 것이다.

세상의 중요한 업적 대부분은
희망이 보이지 않는 상황에서도
끊임없이 도전한 사람들이 이룬 것이다.

작은 성공부터 시작하라. 성공에 익숙해지면
무슨 목표든지 할 수 있다는 자신감이 생긴다.

**당신이 성공할 것이라고 믿어라.
그러면 그렇게 될 것이다.**

Believe that you will succeed, and you will.

**내일을 준비하는 가장 좋은 방법은
당신의 지성과 열정을 모아
오늘 할 일을 훌륭하게 해내는 것이다.**

· 자기관리론 ·

The best possible way to prepare for tomorrow
is to concentrate with all your intelligence, all your enthusiasm,
on doing today's work superbly today.

성공의 첫 번째 원칙

— 로버트 콜리어 —

원하는 것에 집중해 강하게 믿으면 그것을 실제로 이루게 된다는 끌어당김의 법칙Law of Attraction은 《시크릿》을 쓴 론다 번을 비롯해 나폴레온 힐, 밥 프록터 같은 성공학 거장들에게 큰 영감을 주었다. 그 대중적인 초석을 놓은 이가 바로 로버트 콜리어다.

콜리어는 세인트루이스에서 태어나 출판업에 종사했는데, 심각한 건강 문제를 겪으며 정신력과 신념의 힘에 대해 연구한 끝에 《성취의 법칙The Secret of the Ages》(1926)을 내놓았다. 끌어당김의 법칙을 체계적으로 정리한 이 책은 우리 안의 가능성을 강조하며 긍정적인 사고방식, 열정, 목표 설정을 통해 현실을 바꿀 수 있게끔 도와준다.

이를 위해 그가 첫 번째로 제시하는 성공 원칙은 내가 진정 무엇을 원하는지, 그 욕망을 가슴에 품는 일이다.

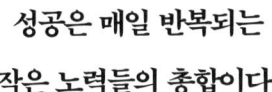

성공은 매일 반복되는
작은 노력들의 총합이다.

성공의 첫 번째 원칙은 욕망이다.
당신이 무엇을 원하는지 깨달아,
그 욕망의 씨앗을 심어라.

✎

당신이 원하는 것을 시각화하라.
그것을 보고, 느끼고, 믿으라.
당신만의 청사진을 만들고 구축하라.

Visualize this thing that you want. See it, feel it, believe in it.
Make your mental blueprint, and begin to build.

✎

지금 있는 곳에서 시작하라.
먼 들판은 항상 더 푸르게 보이지만,
기회는 당신이 있는 바로 그 자리에 있다.

Start where you are. Distant fields always look greener,
but opportunity lies right where you are.

실행력은 자기 확신에서 나온다

아무것도 하지 않으면 아무 일도 일어나지 않습니다. 그런데 뭔가를 꾸준히 한다고 큰 성과로 이어진다는 보장 역시 없습니다. 당연합니다. 꿈은 있지만 아무것도 하지 않거나, 별다른 꿈 없이 하루하루 성실하게 살아간다고 한들 삶이 크게 달라지거나 하지는 않습니다.

앞에서 보아온, 큰 발자취를 남긴 위인들의 경우는 어떨까요?

그들 대다수는 실행력이 뛰어난 편입니다. 역작을 완성하는 데 수년, 수십 년을 공들일 만큼 끈기도 지녔습니다. 그리고 중요한 또 한 가지 포인트가 여느 사람들과 다릅니다. 바로 자기 확신입니다.

자기 확신은 곧 신념이지요. 나는 할 수 있다는 믿음이고 반드시 그렇게 될 것이다, 라는 자신감입니다. 자기 확신에서 끈기와 실행력이 나오고, 결국 큰 성과로 이어지는 것입니다. 그런 이유로 시어도어 루스벨트 대통령은 다음과 같은 말을 남기기도 했습니다.

나는 해야만 한다고 믿는 일을 한다.
그리고 어떤 일을 하기로 마음먹었으면 반드시 행동한다.

그는 러쉬모어 산의 큰바위 얼굴로도 새겨질 만큼 영향력 있는 대통령이었고 강인한 의지의 화신이었습니다. 역사가, 군인, 경찰청장, 사냥꾼, 정치인 등의 다양한 이력에 더해 책을 38권이나 쓰기도 했고요.

실행력이란 생각이나 계획을 행동으로 옮기는 능력이지요. 자기 확신이 있는 사람은 어떻게든 방법을 찾고, 누가 시키지 않더라도 실행을 이어갑니다. 아래의 인도 속담 같은 메커니즘이 마음속에서 작동하는 것입니다.

하고자 하는 사람은 방법을 찾고,
하고자 하는 마음이 없는 자는 핑계를 찾는다.

자기 확신으로 하고자 하는 마음을 키우는 게 실행력과 성취의 비결이라고 하겠습니다. 그렇다면 자기 확신은 어떻게 갖출 수 있을까요?

자신이 진정으로 원하는 것을 아는 게 첫 번째이고, 그다음으로는 스스로를 믿는 마음과 각오가 아닐까 싶습니다. "이봐, 해봤어?"라는 어록으로 유명한 현대 정주영 회장 또한 이렇게 말했습니다.

무슨 일이든 할 수 있다고
생각하는 사람이 해내는 법이다.

내일의 나로 거듭나려면
— 프리드리히 니체 —

    니체는 본 대학에서 신학과 고전문헌학을 공부했는데, 쇼펜하우어 철학을 접하면서 철학적 사유에 심취하게 된다. 이후 스위스 바젤 대학의 고전문헌학 교수로 10년간 재직했으나, 건강 악화로 사임하고 고독한 삶 속에서 철학 연구와 저술에만 몰두하였다.

    니체는 구시대 종교와 도덕의 가치체계가 인간의 창조적 잠재력을 억누른다고 보았다. 그래서 "신은 죽었다. 우리가 그를 죽였다."라고 말하며 기존의 가치와 도덕을 초월해 삶의 의미와 목적을 추구할 것을 주장하였다.

    이를 위해 그는 초인(Übermensch; overman)이라는 이상형을 제시한다. 초인은 예전의 규범에 얽매이지 않고 삶을 주체적으로 이끌려는 강한 의지를 지닌 존재이다. 차라투스트라를 통해 말하듯이 "스스로를 불태워 내일의 나로 거듭나는" 초인이 되어야 한다는 것이다.

인간은 극복되어야 할 그 무엇이다.
그대들은 자신을 극복하기 위해 무엇을 했는가?

· 차라투스트라는 이렇게 말했다 ·

살아야 하는 이유를 아는 사람은
그 어떤 상황도 견딜 수 있다.

· 우상의 황혼 ·

나를 파괴하지 못하는 것은
무엇이든 나를 강하게 만들 뿐이다.

· 우상의 황혼 ·

너는 네 자신의 불길로
스스로를 태워버릴 각오를 해야 한다.
먼저 재가 되지 않고서
어떻게 거듭나길 바랄 수 있겠는가.

· 차라투스트라는 이렇게 말했다 ·

방법은 언제나 있다

— 토머스 에디슨 —

에디슨은 축음기, 영사기, 축전지, 안전퓨즈, 세탁기, 진공청소기 등 1,000개가 넘는 특허를 보유해 '발명왕'으로 불린다. 그중 수천 번의 실패 끝에 전구를 발명해 일상생활과 산업의 일대 혁신을 불러왔다. 그가 최초의 전구 발명자는 아니었지만, 실용성을 크게 높인 것이었다.

"나는 실패하지 않았다. 다만 안 되는 방법을 10,000가지 찾아냈을 뿐이다."라고 말하는 에디슨은 발명가를 넘어 실패를 두려워하지 않는 도전 정신과 끈기의 상징이 되었다.

그는 발명품의 사업화에도 노력을 기울여 제너럴 일렉트릭GE의 전신이 되는 전기조명회사를 설립하기도 했다. 1887년에 경복궁의 첫 전등을 밝힌 발전설비도 이 회사를 통해 들여왔다.

**인생의 실패자들은 포기할 때
자신이 성공에 얼마나 가까이 있었는지 모른다.**

포기하면 끝이지만, 계속하면 과정이다.

더 잘할 수 있는 방법이 있습니다. 찾아보세요.

There's a way to do it better; find it.

가치 있는 것을 이루기 위한
세 가지 중요한 요소는
첫째가 노력, 둘째가 끈기, 셋째가 상식이다.

The three great essentials to achieve anything worthwhile are, first, hard work; second, stick-to-itiveness; third, common sense.

〈31〉 성공과 실패로 갈리는 이유

실패한 지점에서 그만두니까 실패가 된다.
성공하는 데까지 계속하면 그것은 성공이 된다.

· 마쓰시타 고노스케 ·

계획이 없는 목표는 단지 소원일 뿐이다.

· 생텍쥐페리 ·

빠져나가는 최상의 방법은 뚫고 나가는 것이다.

· 로버트 프로스트 ·

The best way out is always through.

성공한 사람이 될 수 있는데,
왜 평범한 이에 머무르려 하는가?

· 베르톨트 브레히트 ·

Why be a man when you can be a success?

누구나 재능은 있다.
드문 것은 그 재능이 이끄는
암흑 속으로 따라 들어갈 용기다.

· 에리카 종 ·

Everyone has talent. What's rare is the courage to follow it to the dark places where it leads.

< 32 >

시간은 망설이지 않는다
— 벤저민 프랭클린 —

벤저민 프랭클린은 언론인이자 정치인, 경영인, 과학자였다.

그는 집안 형편으로 10세에 학교를 그만두고 형이 운영하는 인쇄소 견습공으로 사회에 첫발을 내딛었다. 이후 인쇄업을 했는데, 〈가난한 리처드의 달력〉을 만들어 큰 인기를 얻었다. 달력 여백에 '오늘 할 수 있는 일을 내일로 미루지 마라.' 같은 경구나 삶의 지혜를 적은 것이었다.

한편으로 연을 이용하여 번개가 전기라는 사실을 증명하고 피뢰침을 발명하였으며, 1755년에 미국 독립전쟁이 시작되자 토머스 제퍼슨 등과 함께 독립선언서를 작성하였다. '프랭클린 플래너'가 이름을 따올 만큼 시간 관리와 자기계발에 힘쓰며 그는 평생 공리주의에 투철한 삶을 살았다. 그렇기에 사람들은 벤저민 프랭클린을 '가장 지혜로운 미국인'이라 일컬었으며, 100달러 지폐의 초상화로도 남겼다.

아침 태양은 하루 종일 계속되지 않는다.

No morning sun lasts a whole day.

**당신은 망설일 수 있지만,
시간은 망설이지 않는다.**

You may delay, but time will not.

부지런함은 몽상을 필요로 하지 않고
꿈만 좇는 사람은 꿈 때문에 실패한다.
고통 없이는 얻는 것도 없다.

Industry need not wish,
and he who lives upon hope will die fasting.
There are no gains without pains.

지식은 공부하는 자에게 주어지고
부는 신중한 자에게 주어진다.

Learning is to the studious, and riches to the careful.

· 《부에 이르는 길》 ·

33

빨리 이루려고 하지 마라

— 논어 —

**배우기만 하고 생각하지 않으면 얻는 게 없고,
생각만 하고 배우지 않으면 위태롭다.**

學而不思則罔 思而不學則殆 〈爲政〉

■ 《논어論語》는 춘추시대의 사상가 공자와 그 제자들의 언행을 공자 사후에 엮은 것이다. 학이學而부터 요왈堯曰까지 20편, 600여 문장으로 구성되어 있다.

멀리 내다보지 않으면 가까이에 반드시 근심이 있다.

人無遠慮 必有近憂 〈衛靈公〉

지혜로운 사람은 당황하지 않고,
어진 사람은 근심하지 않으며,
용기 있는 사람은 두려워하지 않는다.

知者不惑 仁者不憂 勇者不懼 〈子罕〉

자공이 군자에 대해 묻자 공자가 말했다.
"먼저 그 말한 것을 행하고,
그 뒤에 말이 행동을 따르게 하는 것이다."

子貢問君子 子曰 先行其言 而後從之〈爲政〉

빨리 이루려고 하지 말고,
작은 이익을 보려고도 하지 마라.
빨리 하려고 하면 달성하지 못하고,
작은 이익을 좇다 보면 큰일을 이루지 못한다.

無欲速 無見小利 欲速則不達 見小利則大事不成〈子路〉

언젠가 기회는 온다

— 에이브러햄 링컨 —

"나무를 베는 데 6시간이 주어진다면 도끼날을 가는 데 4시간을 쓸 것이다."라는 그의 말처럼 링컨은 최선을 다해 준비하는 삶을 살았다. 역경 속에서도 언젠가는 기회가 올 것이라고 믿었기 때문이다.

그는 켄터키주의 한 개척농 통나무집에서 태어나 정규 교육을 거의 받지 못했다. 9살에 어머니, 19살에는 누나가 숨을 거두고 20대에 사업 실패, 연인의 죽음을 겪은 후 독학으로 변호사 시험에 합격했다. 이후 일리노이 주의원 당선으로 정치에 입문하여 하원과 상원 및 부통령 선거에서 총 7번을 낙선했다. 그리고 1860년(51세)에 미국의 16대 대통령에 당선된다.

재임 초기에 노예제에 대한 갈등으로 남부 7개 주가 연방에서 탈퇴하며 남북전쟁을 맞았다. 하지만 링컨은 굳은 신념으로 노예제를 폐지하고 연방 유지를 이끌며 미국 역사상 가장 존경받는 지도자가 되었다.

나는 천천히 걷는 사람입니다.
하지만 뒤로는 가지 않습니다.

대부분의 사람들은 자신이 행복하고자
마음먹은 만큼 행복해진다.

나는 준비할 것이고,
언젠가는 기회가 올 것이다.

I will prepare and some day my chance will come.

그것이 이루어질 수 있고 될 것이라고 여겨라.
그리고 나서 방법을 찾아라.

Determine that the thing can and shall be done, and then we shall find the way.

Part 4
———

나는 내가 되어야 한다

"중요한 것은 자신이 지금 바라던 사람이
되어가고 있다는 믿음이다."

데이비드 비스콧(작가, 정신과 의사)의 이 말처럼
지금의 노력은 내가 바라는 삶을 향할 때
가장 가치 있고 신명이 납니다.
그러자면 먼저 내가 무엇을 원하는지 알아야 합니다.
다른 누구도 아닌, 나는 내가 되어야 합니다.

꿈꾸고 탐험하라

— 마크 트웨인 —

　미국 문학의 아버지로 불리는 마크 트웨인은 플로리다에서 태어나 12세에 소년가장이 되었다. 점원, 인쇄소 수습공을 거쳐 미시시피강의 수로안내인 일을 했는데, 이때부터 작가의 꿈을 키웠고 훗날의 작품에도 큰 영향을 미쳤다. 그의 본명 새뮤얼 클레먼스를 대신하는 필명 역시 강의 안전수심을 뜻하는 2패덤(by the mark twain)에서 가져왔다.

　마크 트웨인은 미국적인 정서와 자유로운 정신, 사회풍자를 잘 담아낸 작가로 명성을 얻었다. 미시시피 3부작으로 불리는《톰 소여의 모험》,《허클베리 핀의 모험》,《미시시피강의 추억》과《왕자와 거지》등을 남겼는데, 헤밍웨이는《허클베리 핀의 모험》에 대해 "미국의 모든 현대문학은 이 한 권의 책에서 시작됐다."라는 찬사를 남겼다.

인생에서 가장 중요한 두 가지 날은
당신이 태어난 날과
당신이 왜 태어났는지 깨달은 날이다.

당신이 좋아하는 일을 찾아라.
그럼 평생 일할 필요가 없을 것이다.

20년 후 당신은,
했던 일보다 하지 않았던 일로 인해
더 실망할 것이다.
그러니 돛 줄을 던져라.
안전한 항구를 떠나 항해하라.
당신의 돛에 무역풍을 가득 담아라.
탐험하라. 꿈꾸라. 발견하라!

Twenty years from now
you will be more disappointed
by the things you didn't do than by the ones you did.
So throw off the bowlines.
Sail away from the safe harbor.
Catch the trade winds in your sails.
Explore. Dream. Discover.

해는 다시 떠오른다

— 빅토르 위고 —

　빅토르 위고는 나폴레옹 휘하의 군인이었던 아버지의 뜻대로 법학을 전공하였지만, 문학에의 열정과 재능을 감출 수는 없었다. 14세 때 쓴 일기에는 당대 유명 작가를 거론하며 이렇게 적었다.
　"샤토브리앙처럼 되고 싶다. 그렇게 되지 못한다면 어느 누구도 닮고 싶지 않다."
　희곡《크롬웰》이 고전주의 연극의 '삼일치의 법칙'(하루 이내의 시간에, 한 장소에서, 하나의 사건으로 극이 이루어져야 한다.)을 과감히 깨뜨려 주목받았고,《파리의 노트르담》으로 확고한 명성을 얻었다. 이후 딸의 죽음으로 집필을 멈추고 정치인으로 변신하였다가 영국 등으로 19년에 걸친 망명 생활을 해야 했다. 하지만 이 기간 동안 그는 다시 떠올랐다.《레 미제라블》,《웃는 남자》등을 내놓으며 위고는 불후의 작가가 되었다.

가장 어두운 밤일지라도 끝이 있고
해는 떠오를 것이다.

· 레 미제라블 ·

Even the darkest night will end and the sun will rise.

인생에서 가장 큰 행복은
우리가 사랑받고 있다는 확신이다.

· 레 미제라블 ·

Life's greatest happiness is to be convinced we are loved.

**인생에 큰 슬픔이 닥칠 때에는 용기를,
작은 슬픔에는 인내심을 가져라.**

Have courage for the great sorrows of life
and patience for the small ones.

**미래는 여러 이름을 가지고 있다.
약한 자들에게는 불가능이고,
겁 많은 자들에게는 미지이며,
용기 있는 자들에게는 기회이다.**

The future has several names.
For the weak, it is impossible,
for the fainthearted, it is unknown,
but for the valiant, it is ideal.

나에게로 이르는 길

— 헤르만 헤세 —

 헤르만 헤세는 선교사 아버지, 외삼촌이 불교 연구가인 집안에서 태어났다. 기숙 신학교에 입학하였으나 이내 도망쳐 나왔고, 짝사랑으로 인한 자살 기도로 정신요양원 생활을 하기도 했다. 그러다가 서점 직원으로 일하며 글을 쓰면서 안정을 되찾았다. 첫 시집《낭만의 노래》의 호평 이래로《수레바퀴 아래서》,《데미안》,《싯다르타》등의 작품을 통해 그는 인간 내면과 정신적 성장에 대한 탐구를 이어 갔다. "모든 사람의 삶은 자기 자신에게로 이르는 길"(데미안)임을 깊이 있게 그려낸 것이다.

 평화주의자였던 헤세는 나치의 전쟁을 반대하면서 배신자라는 지탄과 함께 출판금지 처분을 받기도 했다. 이후 스위스로 망명해《유리알 유희》를 발표하고, 1946년에 노벨 문학상을 수상했다.

자신의 꿈을 찾아야 해요. 그러면 그 길이 쉬워질 거예요.
하지만 영원히 지속되는 꿈은 없어요.
어느 꿈이든 새로운 꿈이 대신할 거예요.
그러니까 어느 하나의 꿈에 집착해서는 안 돼요.

· 데미안 ·

You must find your dream, then the way becomes easy.
But there is no dream that lasts forever,
each dream is followed by another,
and one should not cling to any particular one.

지식은 전달할 수 있어도 지혜는 전달할 수 없는 법이야.
스스로 깨닫고, 체험하고, 성장과 경이로움을 느낄 뿐
지혜를 전하거나 가르칠 수는 없네.

· 싯다르타 ·

Knowledge can be communicated, but not wisdom.
One can find it, live it, be fortified by it, do wonders through it,
but one cannot communicate and teach it.

새는 알에서 빠져나오려고 싸운다.
알은 곧 세계이다.
태어나기를 바라는 자는
하나의 세계를 파괴하지 않으면 안 된다.

· 데미안 ·

The bird fights its way out of the egg. The egg is the world.
Who would be born must first destroy a world.

각오를 실천하는 법

우리 뇌에는 신경가소성이라는 놀라운 능력이 있습니다.

신경가소성은 두뇌가 경험이나 학습, 외적 변화에 적응하기 위해 뇌의 구조와 기능을 스스로 변화시키는 것을 말합니다. 예컨대 독서나 외국어 학습, 운동 등을 오래 하면 뇌의 특정 부위가 발달하는데, 신경과학에서는 이러한 과정이 각오나 의사결정 같은 정신 활동에도 발현된다고 합니다. 할 수 있다고 굳게 믿으면 우리 뇌는 할 수 있는 방법을 찾습니다. 목표를 이루기 위해 필요한 일과 행동을 우리 스스로, 기꺼이 하게 되는 것입니다.

그러면 어떻게 해야 각오를 꾸준히 실천할 수 있을까요?

첫째, 간절히 바라야 합니다. 다시 말해, 열정이 모든 위대한 성취의 시작입니다. 데일 카네기의 아래 명언이 그렇듯이 성공학 구루들이 열정에 대한 언급을 빠뜨리지 않는 이유이기도 하고요.

열정적으로 행동하라. 그러면 당신은 열정적인 사람이 될 것이다.

둘째, 구체적인 목표와 각오입니다.

목표는 구체적이어야 하고, 여기에 각오가 실려야 합니다. 이미지로 떠올릴 수 있다면 실행 가능성은 더욱 높아집니다. 다이어트가 목표라면 단순히 "살을 빼겠다."가 아니라 "10kg을 감량해 멋진 몸을 만들겠다!"를 목표로 하고 각오를 싣습니다. 멋진 몸을 상상하는 것만으로도 동기부여가 되고, 우리의 뇌 또한 방법을 찾아줄 것입니다. 기본적으로 사람은 "내가 기뻐할 일이어야" 더욱 열심히 하고 잘하게도 됩니다.

무슨 꿈을 품었든 목표와 각오 없이는 실천도 어렵습니다. 그리고 얼 나이팅게일의 아래 말처럼 분명한 목표가 먼저여야 합니다.

> 목표가 있는 사람은 성공한다. 어디로 가고 있는지 알기 때문이다.

셋째는, 일단 실행하기입니다. 아무리 확실해 보이는 길이라도 실행하지 않으면 헛일입니다. 한편으로 실행을 어렵게 하는 많은 현실적인 요인들이 있습니다. 그 가장 밑바탕에 있는 부정 요인은 바로 두려움입니다.

두려움을 없애려면 더더욱 원하는 것에 집중해야 합니다. 나침반이 항상 북쪽을 향하듯이 우리가 원하는 방향에 집중해 뚜벅뚜벅 나아가는 것입니다. 아래 《채근담》의 가르침처럼 어떻게든 이루어질 것입니다.

> 쉬워 보이는 일도 해보면 어렵고,
> 못할 것 같은 일도 일단 시작하면 이루어진다.

최선을 다한다는 것
— 중용 —

널리 배우고, 자세히 물으며,
신중히 생각하고, 성실히 실행하라.

博學之 審問之 愼思之 篤行之

■ 《중용中庸》은 세상을 살아가는 올바른 태도로서 중용의 덕과 인간 본성인 성性에 대한 가르침을 담고 있다. 공자의 손자인 자사子思가 지었다.

남이 한 번에 능숙하면 나는 백 번을 하고
남이 열 번에 능숙하면 나는 천 번을 한다.
이런 식으로 해낼 수 있다면
아무리 어리석어도 반드시 현명해지고
아무리 나약해도 반드시 강해질 것이다.

人一能之己百之 人十能之己千之

果能此道矣 雖愚必明 雖柔必强

작은 일도 무시하지 않고
최선을 다해야 한다.
그렇게 정성을 다하면 겉으로 드러나고
겉으로 드러나면 이내 밝아지고
밝아지면 남을 감동시키고
남을 감동시키면 그들이 변하게 되고
변하면 동화될 것이니
오직 정성을 다하는 사람만이
나와 세상을 변하게 할 수 있다.

曲能有誠 誠則形 形則著 著則明

明則動 動則變 變則化 唯天下至誠爲能化

성공의 비결은 단순하다

한 번의 실패와
영원한 패배를 혼동하지 마라.

· 스콧 피츠제럴드 ·

생각하는 대로 살지 않으면
사는 대로 생각하게 된다.

· 폴 발레리 ·

돈에 맞춰 일하면 직업이고 돈을 넘어 일하면 소명이다.

· 백범 김구 ·

모든 어려움의 한가운데에는 기회가 있다.

· 알베르트 아인슈타인 ·

In the middle of every difficulty lies opportunity.

위대함의 비결은 단순하다.
자기가 맡은 분야에서 남보다 더 일을 잘해내라.
그리고 계속 그렇게 하라.

· 윌프레드 A. 피터슨 ·

The secret of greatness is simple;
do better work than any other man in your field.
– and keep on doing it.

나를 경계하는 글

— 율곡 이이 —

　조선 성리학의 양대 산맥 중 하나였던 율곡은 강릉의 외가, 오죽헌에서 태어나 파주에서 자랐다. 13세 때 첫 과거에 합격하는 등 9번의 과거에서 장원급제하여 구도장원공九度壯元公이라고도 부른다. 퇴계의 이기이원론理氣二元論과 달리 율곡은 이기일원론을 주장하며 성리학 발전에 기여하였다. 또한 병조, 이조판서 등을 거치며 임진왜란을 예견한 10만 대군의 양성, 대동법 실시 같은 개혁안을 제시하였다.
　율곡은 16세 때 어머니 신사임당이 세상을 떠나자 3년간 시묘살이 후 금강산에 들어가 불교에 입문하였다. 하지만 유교에 성인이 되는 길이 있다고 여기고 20세에 하산해 성리학에 정진하였는데, 이때 자경문自警文, 즉 스스로를 경계하는 글을 지어 평생의 신조로 삼기로 다짐하였다. 다음의 필사 문장은 그〈자경문〉의 일부다.

먼저 그 뜻을 크게 가져야 한다.
성인을 본보기로 삼아
조금이라도 성인에 미치지 못하면
나의 일은 끝난 것이 아니다.

先須大其志　以聖人爲準則
一毫不及聖人　則吾事未了

무릇 해야 할 일이 있다면
정성껏 해야 하며
싫증내거나 게을리해서는 안 된다.
만약 해서는 안 될 일이라면
단호히 끊어버려 마음속에서
옳고 그름을 다투지 말아야 한다.

凡遇事至 若可爲之事 則盡誠爲之 不可有厭倦之心
不可爲之事 則一切截斷 不可使是非交戰於胸中

도리에 어긋나는 일을 당하더라도
스스로를 돌이켜 깊이 성찰하고
상대를 감화感化시키고자 노력해야 한다.

橫逆之來 自反而深省 以感化爲期

세월은 기다리지 않는다
— 명심보감 —

**착한 일은 작다 해서 아니하지 말고,
악한 일은 작다 해도 하지 말라.**

勿以善小而不爲 勿以惡小而爲之 〈繼善〉

■ 《명심보감明心寶鑑》은 인격 수양을 위한 한문 교양서로 오늘날의 자기계발서와 성격이 비슷하다. 마음을 밝히는 보배로운 거울이라는 뜻을 담고 있다.

한 가지 일을 경험하지 않으면
한 가지 지혜가 자라지 않는다.

不經一事 不長一智 〈省心〉

한때의 분함을 참으면 백일百日의 근심을 면할 수 있다.

忍一時之忿 免百日之憂 〈戒性〉

한마디 말이 이롭게 쓰이면 천금과 같고,
한마디 말이 사람을 해하면 칼로 베는 것처럼 아프다.

一言利人重值千金 一語傷人痛如刀割 〈言語〉

도연명의 시에 이르길,
젊은 시절은 다시 오지 않고
하루에 새벽이 두 번 오지 않는다.
때에 이르러 부지런히 노력해야 하니
세월은 사람을 기다리지 않는다.

陶淵明詩云 盛年不重來 一日難再晨
及時當勉勵 歲月不待人 〈勸學〉

모든 지혜의 시작

자기계발이란 원하는 삶과 닮아가는 과정이다.
원하는 삶이 나의 목적지가 되어야 한다.

· 김현두, 《자기계발 불변의 법칙》 저자 ·

**서두를 필요 없다. 반짝일 필요도 없다.
자기 자신 외에는 아무도 될 필요가 없다.**

· 버지니아 울프 ·

최고의 복수는 엄청난 성공이다.

· 프랭크 시나트라 ·

The best revenge is massive success.

인생에서 가장 멋진 일은
사람들이 당신은 해내지 못할 거라 한
일을 해내는 것이다.

· 월터 배젓 ·

해결될 문제라면 걱정할 필요가 없고,
해결이 안 될 문제라면 걱정해도 소용없다.

· 티베트 격언 ·

자신을 아는 것이 모든 지혜의 시작이다.

· 아리스토텔레스 ·

내가 가야 할 길, 나의 각오

앞으로 내가 가야 할 길, 해야 할 일은 뭘까요?
그에 필요한 나의 각오는 어때야 할까요?
오른쪽에 그 목표와 나의 각오를 적어보세요.
나의 바람에 어울리는 가르침을 책에서 찾아 적고
목표 달성의 좌우명으로 삼아도 좋습니다.

그리고 꼭 그렇게 될 거라고 믿어보기 바랍니다.
각오하고 스스로를 믿으면
그 믿음이 당신을 이끌어줄 것입니다.

결국 해내는 사람들의 42가지 다짐
각오를 단련하는 법

초판 1쇄 발행일 | 2025년 7월 1일

지은이 | 이수영
펴낸이 | 이우희
디자인 | 宇珍(woojin)
펴낸곳 | 도서출판 좋은날들

출판등록 | 제2011—000196호
등록일자 | 2010년 9월 9일
일원화공급처 | (주) 북새통 (03938) 서울시 마포구 월드컵로36길 18 902호
전화 | 02-338-0117   **팩스** | 02-338-7160
이메일 | igooddays@naver.com

copyright ⓒ 이수영, 2025
ISBN 978-89-98625-53-5   03190

＊ 잘못 만들어진 책은 서점에서 바꾸어드립니다.